幸せオーラの磨き方
～人生が変わる99のヒント

企業経営者／
人材育成コンサルタント
井口泰宏 著

はじめに

私は実業家です。現在も飲食チェーンや健康・美容分野などさまざま事業に携わっています。

そんな中で気づいたことがあります。

それは「女性は本当に素晴らしい」ということ。

私は仕事柄、出会うのは女性が多く、彼女たちと仕事を通じて関わる中で、多くのことをともに経験し、色々なことを感じてきました。

たとえば従業員の女性たちには「人間的に素敵だな」と思う人もたくさんいて、そうした人たちと働くうちに、魅力的な女性の生き様には共通するものがあることに気づきました。

彼女たちを通して学んだ「人生を楽しむヒント」は、私の本分である人材育成においてもとても役に立ち、身になったことでもありました。そして次第に、「世の中の目標を持って頑張っている女性を応援したい」「彼女たちが幸せになる手助けができたら」と思うようになったのです。

この本は、そんな私の想いから生まれたもので、世の中の女性がもっともっと輝いて、幸せになるためのアドバイスをまとめたつもりです。

また、僭越ではありますが、経営者としての私自身の成功譚もたくさん反映されています。

なお、本書には「成功」「成幸」という2つの言葉が出てきます。私なりのニュアンスで使い分けた表現となりますし、そのほかにもスピリチュアル的な表現がありますが、あくまでも皆さんの感覚で読み進めていただけたらと思います。

私は過去に多くの失敗も経験しましたが、その都度、たくさんの人々に支えられてなんとかやってきました。失敗したからこそ学んだことも数え切れないほどあります。中にはもうダメかもしれないと思うほど大変な経験もありましたが、それでも今の私は「多くの困難には意味がある」ということを、みなさんに心から伝えることができます。今、困難を感じている人でも、心がけ次第で必ず明るい未来がやってきます。

この本に書かれている考え方や日々の取り組みは、私がたくさんの方々から学んで、現在も実践していることばかりです。それぞれは小さなことですが、継続的に行なうことで必ず効果が現われるものです。本書には99個のメッセージがありますが、1つだけでも共感してもらえれば幸いです。もちろん男性の方が読んでくださっても、きっと役に立つはずと信じています。

人生を変えるのは、ほんの小さな意識の変化と日々の積み重ね。中でも内省——つまり、物事を見る〝矢印〟を自分に向けることで、あなたは多くのことに気がつくことでしょう。そして幸福と成功への手がかりを掴み取ることが出来ることと思います。

さあ、共に成功と幸せのセオリーを学んでいきましょう。

*How to improve
your
happy aura*

tips 01

運はコントロールできる

「私は運が悪い」――そう思ってはいないでしょうか。
しかし「運」の良い悪いは、生まれつきの性質ではありません。
「運」とは、個人の考え方や人生観を多分に反映したもので、
どちらかというと自ら主体的、積極的に感じ取るものです。
たとえば同じ出来事に遭遇しても、「運がいい」と感じるか、
「運が悪い」と感じるかは人によって異なります。
「運がいい」と感じやすい人は、
実際はよくないことがあったときでも
「思い通りの結果にならなかったけど、今後の教訓にはなった」と考え、
ポジティヴな気持ちで「次」につなげることができます。
学んだことが身についた人は、やがてそれを活かして大きな運を掴む
――つまり、**「運」は自分の心持ち次第で変わるものなのです。**

tips 02

運は「運のいい人」が好き

「水は低きに流れる」のが世の常ですが、
「お金」は高きに流れていきます。
つまり、お金持ちにはお金がどんどん入ってきます。
同様に、いつも仕事で忙しくしている人には
新しい仕事がどんどん入ってくるし、繁盛している店は、
人が人を呼んでますます繁盛するという仕組みです。

このように、物事は同じ属性の下に寄っていく性質があります。

運に関しても例外はなく、
強運に恵まれている人は新たな運も呼び寄せやすいので、
恒常的に「運がいい人」になるという具合です。
運に好かれるような人間になりましょう。

tips
03

運を引き寄せる方法

では、「運がいい人」になるにはどうしたらよいのでしょうか。


最も重要なのは「自分は運がいい」と気づくことです。

実際あなたが生まれてきて、今この瞬間この本を読んでいるということは、その道のりに奇跡の連続があったに違いありません。

そのことに気づくことで、そのうちに自分を取り巻く人々や環境がいかに素晴らしいものであるかがわかるでしょう。

自分の恵まれた境遇に感謝し、その気持ちを抱き続けると、
やがて本当の大運が巡ってきます。

「運が悪い」と思うときは
身の周りにある小さな幸せを見失っているのかもしれません。

tips
04

人の夢を否定しない

大きな夢を持っている人に
「現実を見たほうがいいよ」
とアドバイスする人がいます。

しかし夢を持つことと現実を生きることは
実は共存する関係であると思っています。
むしろ夢があるからこそ一生懸命仕事ができるし、
自分を支えてくれる人たちを大切にできるのです。

日本の社会では「夢」や「目標」を持つ人を
世間知らずのように扱い、
最近では「意識高い系」などと言って

揶揄したりしますが、

他人の成長の可能性を否定する権利は誰にもありません。

人の「どうせ無理」はあなたが決めることではないのです。

いつか自分の夢を叶えるためにも、

まず、人の夢を応援してあげられる人になりましょう。

tips
05

玉も磨かざれば光なし

成功している人には、人間的にも素敵な人が多いです。
しかし、皆、最初からそうだったわけではありません。

いろいろな人と出会い、
様々な経験をすることによってたくさんの気づきを経て学び、
少しずつ人格が磨かれていくのだと思います。

「玉も磨かざれば光なし」
磨いてくれるのはあなたを取り巻く人々です。

tips 06

「運」は行動する人が好き

将来に対してどんなに立派なビジョンがあっても、
それを実現するために行動しなければ叶うことはありません。
「絵に描いた餅」になる前に、とりあえずやってみましょう。

なにも準備万端でスタートさせる必要はありません。
やりながら軌道修正していけばいいのです。

多少のリスクがあったとしても、
動きながら学び、得たものはやがて
あなたをかたちづくる大切な経験になります。

「運」は行動する人が好きです。

tips
07

ネガティブなことに心を支配されない

何もかもが上手くいかない日。

生きているとたまにはそんな日もあるものですが、
頑張らなくて大丈夫。

「今日がダメでも明日がある」

そんな風に気持ちを切り替えてみましょう。


大切なのは、**ネガティブな感情を長く引きずらないことです。**

イヤな出来事を自分の中で繰り返す時間はムダそのもの。

何もいいことはありません。

イヤな出来事に感情を支配されないよう、
自分の心をコントロールしましょう。

tips 08

自分の尺度で測る

日々行なっている努力を、
他人や世間の尺度で判断していませんか？
「○○さんに比べて私は頑張っている」
「この程度では世間に認めてもらうことはできない」など。

心意気は立派ですが、ハードルを上げ過ぎるのは挫折のもと。
そもそも自分と能力も状況も違う他人とを比べるのはナンセンスです。

比べるとすれば、**「昨年や昨日の自分よりも頑張ったかどうか」**。
それを基準にすることで、揺るぎない判断ができ、
進歩が着実なものになります。

tips
09

お金の波動を上げるために

金運はあなたがお金に対して抱く感情で変わります。

成功者でお金にネガティブな感情を持っている人はいません。

なぜなら彼らは、**そのお金で誰かを喜ばすことができることを確信しているからです。**

ですから金運を上げたい場合は、
「目的」ではなく「手段」としてのお金を求めましょう。
ただ大金に憧れるのではなく、
それを使って何をしたいかを考えることが大切なのです。

tips
10

財布の中には常に現金を

お金は波動を出しますから、
多くのお金から出る大きな波動は新たなお金を呼び、
結果、お金が増えます。
世の中はキャッシュレス時代になっていますが、
私から見て金運があるなと思う人は常に財布の中に
10万円以上の現金を入れている場合が多いと感じています。
別に使わなくてもOK。「お守り」という認識で構いません。

財布にたくさんお金が入っていることは自信になりますし、
あなた自身が常にお金の波動を浴びることで、
あなたにお金が寄ってくるようになります。

tips
11

人は一生成長できる

生まれ持った人格、性格、知能、才能を
年齢を経てから向上させることには限界があると思われていますが、
それは間違いです。
成長志向を持てば、人は生きている限り成長できます。
今よりも、昨日よりも、ほんの少しだけ成長したい
——そう思うだけでも日々の行動は変わってきます。

今日よりも明日、明日よりも明後日の自分のほうがいいと信じて、
そのために努力すること。
成長志向の人は常に挑戦していますから、
見た目も考え方も若々しい人が多いです。

成長を諦めた瞬間から老化が始まるのです。

tips
12

上質のものを身につけましょう

金運と上質のものは「卵とにわとり」の関係にあります。
上質なもの、いいものを身につけている人は金運がいいです。

一流のものには、それを作った一流の人の魂が宿っているので
いいものが放ついい波動を受けると、
それに見合った振る舞いができるようになるからです。

「形から入る」のも大いに結構。
結果的にものの「格」に追いつけばいいのです。

いいものは自分を成長させてくれます。
少し背伸びをして、上質のものを身につけてみてください。

tips 13

片付け上手になりましょう

成功者にはきれい好きな人が多いです。
実際、部屋の中、車の中、財布の中をきれいに保つと運が上がります。

片付けは思考の整理にもつながっていて、
片付けが上手になると人生の取捨選択も上手になります。

余計なものを溜め込んでごちゃごちゃした部屋は悪い気で澱みます。
まずは引き出しの中やデスク周りなど、狭い範囲から始めてみましょう。

tips
14

幸せオーラの磨き方

オーラを高めるためには、
楽しむこと、喜ぶこと、ワクワクすることを
たくさんするのが一番です。

ポジティブな気持ちがポジティブなオーラを生みます。

人生を楽しんでいる人のオーラはとても強力なもので、
そのオーラを浴びた人を幸せにします。

自身の幸せオーラを高めることは、
他者を幸せにすることでもあるのです。

tips
15

ポジティブワードで運気を上げましょう

「ありがとう」
「運がいい」
「大丈夫」
「幸せ」
「楽しい」
「嬉しい」
「美味しい」
「今日も最高」
「ワクワクする」
「絶対できる」
ポジティブな言葉を繰り返し唱えることで、

あなたの潜在意識は確実にポジティブになっていきます。
ポジティブ思考になりたければ、

まずポジティブな言葉と態度を身につけましょう。

「でも」
「だって」
「どうせ」など、
話をするときに否定から入らないよう気をつけてください。
ネガティブな言葉が身についてしまうと、
ネガティブな思考をするネガティブな人間になってしまいます。

一方、いつもポジティブな言葉を使う人は、
物事をポジティブに捉えることができるので、
人気――すなわちよい人々を引き寄せ、
その結果、自身の運気も上がっていきます。

tips 16

小さな工夫を積み重ねましょう

日頃、何気なくやっていることに少し工夫を加えましょう。
たとえば料理が好きな人なら、
作った料理が引き立つよう素敵なお皿を選んだり、
盛りつけに工夫をしたり。
事務職に従事している人であれば、
やるべきタスクに自分自身のオリジナリティを加えて
同僚をわかりやすくサポートしたり。

そうした小さな工夫を積み重ねていくと、
やがてあなたの仕事は評価されるようになります。

仕事のクオリティを上げることで達成感が得られ、

自己肯定感がアップし、
周囲からも信頼される理想的な状態になります。

「誰でもできる作業」を「あなたにしかできない作業」にするのです。

遠回りでも、着実に力や知識を身につけていくこと。
地道に、やれることを真面目にやっていくことが
結局は最も確実な方法と言えるでしょう。
かけた時間とひたむきに努力した事実が、
あなたの自信になるからです。

tips 17

「形から入る」と実が伴ってくる

何をやってもつまらない、調子が上がらないというときは気持ちよりも先に、言葉や体の動き、表情など生理機能を動かすのが良いです。
辛いときに笑顔を作る、暗い気持ちのときに明るい言葉を使う、孤立無援だという気持ちに苛まれているときに感謝の言葉を口に出すなど。
笑うと実際楽しい気持ちになってきますし、前向きな言葉を発すると、不思議と「もうちょっと頑張ってみよう」という気になります。

「形」に後から心がついていくという状態になるわけです。

形から入るのは軽薄だと思いがちですが、形から入っても、やがて本物になればいいのです。

tips 18

小さな成功を積み重ねましょう

自分を信じるには、小さな成功体験を積み重ねることが重要です。

小さな目標をクリアしていけば、

徐々に前よりも少し大きなことができるようになります。

成功者には、大きなことよりも、

むしろ小さなことを大切に思って丁寧にやる人が多いのです。

tips
19

成功者ほど腰が低い

「成功者」というと、常に自信に溢れていて、
ややもすれば傲慢なイメージがあるかもしれません。
でも実際は成功者ほど感謝を口にするものです。
彼らはそれがやがては自分に返ってくることを知っているからです。

感謝の力＝ありがたいと感じる能力。
ものをもらったときや何かしてもらったときに思うことですが、
達人になると「生きてるだけでありがたい」と、
自然に心から思えるようになります。
身の周りのすべてのことに感謝して「ありがとう」を連発しましょう。

tips 20

オーラをピカピカにする方法

オーラとは、人体をすっぽり包み込むエネルギー。

身体の周りを囲むように輝いていて、大きくなると3メートルくらいにもなるものです。目に見える人は少ないのですが、状態に応じた色があります。よいオーラは人を惹きつけ、その人固有の魅力になります。

たとえば、一流の芸能人やスポーツ選手などは普通の人とは違う華やかな雰囲気を身にまとっているものですが、それがオーラです。

オーラはその人の健康状態、精神状態によって変化しますが、**心がけ次第である程度コントロールすることが可能です。**

たとえば、楽しげなオーラ、優しげなオーラは毎日を楽しく、充実して過ごすことで身につけることができます。

自信に満ちあふれ豊かな心を持つと、
人を引き寄せるピカピカのオーラが自然と身につくのです。

tips 21

リスクに臆病になりすぎない

リスクに対して臆病になりすぎていないでしょうか？

臆病な気持ちは意欲や行動を抑制してしまいます。

むやみに行動しないことはリスクヘッジでもありますが、同時に、

せっかくのチャンスをみすみす逃すということでもあります。

大きなチャンスを掴むためには、ある程度のリスクはつきもの。

ダメならダメになったときにまた考えればいいのです。

tips
22

他人の成功を喜ぶ

人間はつい自分と他人とを比べてしまうものですが、
他人が成功したからといって
あなたの運がなくなるわけではありません。

人の成功を素直に喜び、そこから学べる人間になりましょう。

成功している人も、あなたと同じ人間です。
決して特別な存在、遠い存在ではありません。
次の成功者はあなたかもしれないのですから。

tips 23

人には使命がある

この世に「不要な人間」などいません。
私たちは大いなるものに生かされていて、
それぞれに「使命」があります。

「使命」とは「生きる意味」のことです。
それに気づいて自らの使命を果たせる人の人生は
とても充実したものになるでしょう。

ではどうすれば「使命」を悟ることができるのでしょう？
それは自分のやるべきことを懸命に果たすことから浮かび上がってきます。
今、従事していることに専心しましょう。

tips 24

アップデートの必要性

たとえ自分が過去に経験したことであっても、
万物は時代と共に変化しています。
経験は大切なものですが、経験に捉われすぎると、
正しい判断ができなくなります。

世の中は動いています。
今、身の回りで何が起こっているのか、
アンテナを張り巡らして、

自分自身を常にアップデートしていきましょう。

tips 25

叶えたいことは何度でも言葉にする

夢が叶うの「叶」という字は、「口に十」と書きます。そのため私は「口から十回言葉にしていえば現実になる」と思っています。

一方で、それだけでも足りないと思っています。言葉にすることは常に自分の目標を意識するという意味でとても大切なので、何度でも口にしてほしいです。

日本人は昔から「不言実行」を美徳としてきましたが、**夢や目標を叶えるのは「有言実行」の精神です。**

自分自身に言い聞かせるためでもありますが、「自分はこんな夢を持っている」「こんなことを叶えたい」と人に言うと、それを聞いた人の潜在意識に作用して、人が運を連れてきてくれることがあるからです。

tips
26

願わなければ叶わない

金メダルを狙い、
それに向かって努力をする人にしか
金メダルが取れないように、
成功することを願わなければ、成功を得ることはできません。

叶えたいことがあれば、心の底から願いましょう。
真剣に願うことで、それを実現するため、
自然に努力ができるようになります。

成功の神は努力する人が大好きです。

tips
27

自分にとっての「成幸」とは何かを考えましょう

成功するためには「何が自分にとっての成幸なのか」を明確にすることが必要です。
「富」や「名声」を得れば幸せになれると盲目的に思い込んでいないでしょうか。

人は一人一人違いますから、「成功」の内容も人によって違うはず。

自分にとっての「幸せ」とは何か、そして「成幸」とは何かを追求しましょう。

tips 28

誰にでも丁寧に接しましょう

人によって態度を変えたりしていませんか？

どんな人にでも丁寧に応対しましょう。

打算的な人間には、同じ種類の人間しか寄ってこなくなります。

心の安らぎや希望は
居心地のよい人間関係の中から生まれます。

tips
29

寝る前の1分で明日への活力を

一日の終わりに、1分でもいいので

「今日はどんな一日だったか」を振り返ってみましょう。

成長したいと願う人間には、

自分の行動を精査する時間が必要だからです。

もしも後悔することがあったら、それは明日から改めればいいのです。

そのために何をするべきかなど、具体的に考える必要はありません。

「今日よりも少しだけ頑張ろう」と思うだけでOKです。

重要なのは、モヤモヤした気分のまま入眠しないこと。

今日は今日、明日はまた新しい一日と思うことで

気持ちに区切りをつけましょう。

そうすれば翌朝はスッキリと目覚めることができ、

一日を気分よくスタートさせることができるのです。

tips 30

魔法の言葉「まぁ、いいか」

もし辛いことがあった日は、明日に期待しましょう。
今日の苦労が明日も続くとは限りません。
「今日、厄を落としたことで明日はきっとよい日になる」。
そう信じるのです。よいパフォーマンスをするためには、
今日の負の感情を引きずらないことが肝心です。
どうしても気持ちが切り替えられない人は、
「まぁ、いいか」と口に出してみましょう。
一見投げやりなようですが、今日は今日、明日は明日。
今日できなかったことは明日また頑張ればいい、という希望を込めて。
上手くいかないときは力が入りすぎて空回りしていることが
多いものですが「まぁ、いいか」の心持ちは、
肩の力を抜くと共に、自分を平常心に戻します。

tips 31

あいさつに真心をこめる

職場やご近所では毎日、
「おはようございます」
「おつかれさまです」
「ありがとうございます」
といったあいさつの言葉が飛び交っていますが、
そうした言葉が儀礼的、形式的になっていないでしょうか。
「ありがたい」と思ったときは、その人の目を見て、
いつもよりも少し感情を込めて「ありがとう」と伝えてみましょう。
あいさつや感謝の言葉に感情を乗せることで、
その言葉は心からの労りの言葉に変わります。
そうすればたった一言でも、
人の心に好印象を与えることができるのです。

tips
32

人付き合いに損得勘定はご法度

誰とでも誠実に付き合いましょう。

相手があなたにもたらすであろうメリットの量や種類で、
付き合うか付き合わないかを決めてはいけません。
人間関係に損得勘定を持ち込むこと自体が損なことと知るべきです。
一見損しかないような関係性の中にも、確実に学びはあります。

あなたの周りにいる人はあなたの財産。

あなたがつまづいたとき、
困ったときに助けてくれる可能性のある人たちです。

人付き合いを大切にしましょう。
簡単に縁を切ってはいけません。

tips 33

思考の「癖」を意識しましょう

思考は一つの「癖」とも言えます。たとえば、同じトラブルに遭遇しても、
ポジティブ思考の人は前向きに考える「癖」がついていて
ネガティブ思考の人は悪いほうに考えてしまう「癖」がついています。
「癖」は意識することで変えることができます。
もしネガティブ思考に陥りそうになったら、敢えて
「こういうとき、ポジティブ思考の人はどういう風に考えるのかな」
と想像してみてください。

つまり自分の感情へ「逆張り」をするのです。
おもしろいもので、それを繰り返していると、
次第に自分にもポジティブな人の考え方が身につくようになります。
この発想を上手く利用して、
ポジティブ思考というよい「癖」を身につけましょう。

tips
34

自分の能力を自分が正しく認識しているとは限らない

高い目標を前にすると「自分の力ではこれは無理」と、
つい思ってしまうものですが、
その前提自体が間違っている場合があります。

「自分のことは自分が一番よくわかっている」と誰もが言いますが、
実際は自分の能力を正しく認識している人はほとんどいません。
特に日本人は謙虚な性質の人が多いせいか、
自分のことを低く見積もってしまう人が多いです。

誰の中にも「秘めた力」は必ずあります。
自分が思っている以上のことができるはずです。
その力を信じて、やる前から諦めてしまわないようにしましょう。

tips
35

「価格」ではなく「価値」で判断しましょう

物事や体験は、安さだけで判断せずに「価値」で判断してください。
安ければなんだっていいという気持ちではよい波動は掴めません。
上質の体験をすることで、あなたの心のうちも変わります。

たとえば喫茶。
たまにはホテルのティールームなど、よいところで楽しみましょう。
「お茶を飲む」ためというよりは、
雰囲気のよいところで素敵な時間を過ごすため、
つまり「心を豊かにする」ために行くのです。
価値ある時間を味わうことで、
あなた自身も価値の高い人間になれるのです。

tips 36

ディズニーランドは日常の延長線上

ある日、ディズニーランドに行ったとしましょう。
楽しく過ごした一日の終わりに、
「ああ、また明日から変わり映えしない日常に戻るのか…」と、
ため息まじりに思う人は多いでしょう。

しかし非日常と日常を無理に分ける必要はありません。
楽しいディズニーランドの世界は日常の延長線上にあるもので、
決して別世界ではないのです。

日常＝楽しくないもの、と決めつけるのではなく、
同じ心持ちで楽しみたいものです。

人生のほとんどの時間は「日常」なのですから。

tips
37

笑顔は成幸へのパスポート

素敵な笑顔は人に好印象や安心感を与えます。
たとえ初対面でも笑顔の人には親しみが湧き、
話しやすいと感じますよね。

人と人とが親しい関係を築くまでには時間がかかるものですが、
笑顔によってお互いの心の距離は一気に縮まります。
笑顔をきっかけに打ち解け、信頼してもらえるようになると、
そこから様々な縁が広がって、あなたの行動範囲も広がります。

まさに笑顔は成幸へのパスポート。
いつも笑顔でいることによって、
あなたを取り巻く世界が確実に変わるのです。

tips 38

笑顔の研究をしましょう

普段、自分が人に対して
どのような顔を向けているか知っていますか？
おそらく無表情に近い顔で一日の大半を過ごしているはずです。
「特に楽しいことがないのに笑顔でなんかいられない」
と思うかもしれませんが、
素敵な笑顔は練習で身につけることができます。

鏡を見て、自分自身が最も美しく見える笑顔を研究しましょう。
口角を上げることはもちろんですが、目が笑っていることが重要です。

自分で「これはいいな」と思える笑顔を見つけたら、
その顔でいる時間を少しずつ増やして、
それをあなたの「素顔」（デフォルト）にしてしまいましょう。

tips
39

「器量よし」が可能性を伸ばす

様々な分野の成功者はみんな笑顔をフル活用しています。

笑顔はあなたの可能性を伸ばすスキル。

女性の容貌のことを「器量」と言ったりしますが、
それは見た目のことだけではなく、
その人本来の魅力や心のあり方も含んでいます。

笑顔を磨いて、見た目も心も「器量よし」になりましょう。

tips *40*

成功するための習慣は小さなことから

成功するためにはよい習慣を身につけることが重要です。しかし、急激に自分の生活を変えてしまうと、心身が拒否反応を示します。それは私たちの脳が「恒常性」を保つために、新しいことに抵抗を示す性質を持っているからです。

脳の抵抗を小さくするためには、なるべく小さなことから始めてみるのがいいでしょう。ウォーキングを習慣にしたいなら最初は靴を履いて外に出るだけでもOK。腹筋なら1回でもよし。

ただし、どちらも気分が乗ったらそれ以上やってみる

……そのぐらいの気持ちで始めたほうが物事は長続きします。

そうして小さなことが習慣化するまでにはおよそ2ヶ月かかりますが、脳の抵抗がなくなると回数がスムーズに増えていき、次第に大きなことにも自然に取り組めるようになっていきます。

tips
41

よいことを習慣化するために
～やるべきことをリスト化する

自分が「やる」と決めたことをリスト化しましょう。

いつでも見られるよう紙に書いて目につくところに貼っておくのが一番です。目標を一つクリアできたらリストに印をつけます。

そうすると自分でもその習慣が続いていることが可視化でき、「成功体験」を実感することができます。

「今日もできた」「自分はできる」と思う日を積み重ねることが重要なのです。

途中で挫折しないよう、**習慣化させたいことは長くても10分以内に終わるようにします。**また、慣れるまでは3つ以上のことに同時に取り組まないようにしましょう。

「少しずつ変わっていく」ことが成功の秘訣です。

tips 42

神社へのお参りで「お願い」はしない

成功者の中には、神社への参拝を
習慣化している人たちがたくさんいます。
しかし彼らは決して「神頼み」をしているわけではありません。
神社では「〇〇が叶いますように」とお願いを唱えるのではなく、
「〇〇が叶うように頑張りますから見守っていてください」
と、**自分の「覚悟」を伝えます。**
「神頼み」という他力本願ではなく、
神様を自分の心の支えにするようなイメージです。
物事の主導権、決定権は常に自分で持ちましょう。
「自分で自分の未来を切り拓く」
――神様もそんな人を応援してくれるはずです。

tips
43

自ら積極的に動く

どんなに素晴らしいアイディアを考えついても、
それを行動に移さなければ何も変わりません。
勇気を持って一歩踏み出すことが大切です。

たとえそれが上手くいかなかったとしても、
失敗の中から必ず学びを得ることができます。

「失敗は成功のもと」とよく言いますが、
将来の成功のもととなる失敗も、
行動しなければ経験することはできません。
好機は待っていてもそう簡単には来ません。
それなら自分が動いて、自らつかまえにいきましょう。

tips 44

いちばん確実な最高の投資先とは

世の中には「これをやれば必ず儲かる」とか「成功するにはこれだけの投資が必要」などというような話が溢れています。怪しいものは論外ですが、どんな投資でも儲けを得るにはある程度のリスクを背負わねばなりません。

しかし、どれだけ投資しても損はせず、確実に利益が出る優良な投資先があります。

この世に存在する唯一の確実な投資先、
それは「自分自身」つまり自己投資です。

お金と時間を使って身につける学問、教養、マナー、技術……それらはあなたの人生を確実に豊かにします。

自己投資が「元本割れ」することはありませんし、一度身につけたことは誰にも奪われることがありません。

tips
45

不機嫌は運を遠ざける

不機嫌な態度は周囲の人に威圧感を与え、
イヤな気分にさせるだけでなく、
自分自身の運気も下げてしまいます。
拒絶的な雰囲気を放っている人に
わざわざ近づいてくる人はいませんよね。

しかし人生を成功させるためのヒントは、
人との「縁」の中にあります。人が「運」を連れてきますから、
人を遠ざけると、運とも縁遠くなってしまうわけです。
ですから人があなたのところに寄ってきて、世間話を
どんどんしたくなるような柔らかな雰囲気を身につけましょう。
そのためには常に機嫌よくいることが重要なのです。

tips
46

直感を大切に

これまであなたが生きてきて学んだことは、
あなたの潜在意識の中にもしっかり備わっています。

とりわけ危険を察知する力——
「これは危ない」「なんだか怪しい」と感じたことは
理屈で考え抜いたことよりも正しいことが多いです。

重大な決断をするときは、
他者にアドバイスを求めたくなるものですが、
それよりもまずは自分自身と向き合って、
自分の直感を信じてください。
答えはあなた自身の心の中にあります。

tips 47

「社会的成功」よりも「人間的成功」

そもそも「成功」とはなんでしょうか？
一般的な「成功」のイメージは、
たくさんのお金を手にし、社会的地位を上げることだと思います。

しかしそうした「社会的成功」よりも大切なのが「人間的成功」です。
その人ならではの魅力、他者に対する愛情や感謝の心、
仕事に対する使命感とそれをやり遂げる力……いわゆる
「人間力」と言われているものですが、それがなければ、
いくら社会的に成功しても、その成功は長続きしません。
人間力の伴わない成功は一時的で虚しいものですが、
人間力のある人は自らの「人徳」によってさらなる成功をおさめ、
幸せで充実した人生を送ることができます。

tips
48

自分に期待しましょう

物事を成し得るには、何よりも自分を信じることが大切です。
自分の能力を信じて、自分の未来に期待しましょう。

自信が持てないときは、
自分が今まで一生懸命やってきたこと、
頑張ってきたことを思い返してみてください。
学生時代に打ち込んだ部活のことでもいいですし、
受験勉強や就職活動などでも構いません。

自信は小さな成功体験の積み重ねによって生まれます。

「あのときは頑張った」「全力でできた」と思い返すことで
「自分ならまた必ずできる」と思えるようになるのです。

tips 49

人生は長編ドラマ

生きていればいろんなことが起こります。
調子のいい日もあれば、悪い日もあります。
人生は長編ドラマ。おもしろいドラマに波瀾万丈はつきものです。
何も起こらないドラマほどつまらないものはありません。
ですから、何かよくないこと、辛いことが起こったときは、

それも自分の人生のドラマを
おもしろくするための要素と考えましょう。

たとえ停滞期でも、それはやがて
華々しいフィナーレを迎えるために必要な時間なのです。
ジャンプするときも「溜め」の時間がなければ
高く跳ぶことはできません。

tips
50

「違い」として受け止める

「違い」を尊重しましょう。

人はそれぞれ。考え方も生き方もそれぞれです。
人間関係のトラブルの多くは「違い」を認めず、
無理に自分の側に引き寄せようとしたり、
相手を変えたりしようとすることから生まれます。

「違い」はただ「違い」として受け止めましょう。
無理に理解しようとする必要はありません。
それが相手を尊重することであり、
そこから対等な関係性が築かれるからです。

tips 51

あなたの人生の主役はあなたしかいない

あなたの人生はあなたが主役。
誰もその役を奪うことはできません。

あなたの物語はずっとあなたを中心にして展開していきます。

安心して、何事も大きく構えていきましょう。

tips
52

目標達成の期限を決める

「成功したい」と漠然と思っているだけでは願いは叶いません。
「いついつまでに」と期限を決めることが大切です。
たとえば「1年後」なら、そこから逆算して、
目標を達成するために何をするべきか、どんなことを
頑張ったらいいかが自然と浮かび上がってくると思います。
期限を設定したら、目標を達成した状態を
具体的にイメージすることも大切です。
「成功したらこんなことができるようになる」といったことを
できるだけ詳細に思い描くことがモチベーションになるからです。

もし目標を達成できなかった場合は、
ポジティブな気持ちで再設定してください。

tips 53

都合よく解釈しましょう

「人生は短い」

「人生は長い」

どちらも真実です。

だったら都合のよいほうを取りましょう。

そのときの自分の状況に合わせて解釈を変えればいいのです。

tips 54

柔らかい心で運を呼び込む

真面目で誠実な人ほど「こだわり」や「マイルール」を持っているものです。しかし時に、こだわりは自分の興味や行動を制限してしまうことがあります。

心の柔軟性を保つため、たまには意識して新しいことにトライしてみましょう。

いつもの通勤ルートを替えてみたり、飲食店で普段は頼まないメニューをオーダーしてみたり、買ったことのない野菜を買って料理してみたりといった小さなことで構いません。

新しい経験、初めての経験をすることで、そこから思ってもみなかった気づきを得、それが新しい縁や機会につながったりすることがあります。

tips 55

悪口は運も品格も下げる

人の悪口や噂話からは遠ざかりましょう。

特に悪口はあなたの品位を下げる行為です。

品格の低い人のところによい運はやってきませんから、

悪口や噂話が好きな人とは距離を置きましょう。

心をいつもポジティブに保つには、

日頃からネガティブなことを口にしないことが肝心です。

tips
56

機嫌のよい状態を維持するには

美しい景色を見たり、よい音楽を聴いたり、
美味しいものを食べたり。
一見変わり映えしないような生活の中でも、
ちょっとの工夫で幸福度は上がります。
幸福感は「自己肯定感」と密接につながっており、
自己肯定感は「自信」につながりますから、
いつも幸福であろうと努力することが、
成功への重要なファクターになります。

自分の機嫌は自分で取りましょう。
常に上機嫌を保ちましょう。
運は機嫌のよい人に巡ってきます。

tips
57

最大の学びの機会とは

何か大切なものを失ったとき——それは最大の学びの機会です。

人間には、失ってみないと気づかないことがたくさんありますが、失ったものの大切さを痛感したときこそが成長のチャンス。

失ったものが大きければ大きいほど、立ち直ったときに自分がいるステージは高くなります。窮地を乗り越えた事実と、それを成し遂げた自信が、そのままあなたの力になるからです。

たとえ「すべてを失った」「八方塞がりだ」と思ったとしても、それは表面的なことで、実際はそこが成功のスタートポイントだった、ということは往々にしてあります。

どんなに辛い経験をしても時間が経つと「**あのとき失ったおかげで今、これを得ることができた**」と心から思えるようになります。

失敗は神様からのメッセージ。前向きに捉えましょう。

tips
58

いつも心に地球儀を

視野を広く持つためには、部屋に地球儀を置くのがおすすめです。
文字どおり、グローバルな視点で世界を見ることができますし、
ニュースで気になった国際情勢なども、
その国の位置を地球儀で確認することでそこで起こっていることが
よりリアルにイメージでき、より深く理解できるからです。
また、何かに迷ったり、つまづいたりしたときに
地球儀を眺めていると、人間はちっぽけな存在だなと感じます。
私は「**座位を高くする**」と言っているのですが、
月に座って地球を眺めるイメージで地球を外から見てみると、
人の営みや自分自身の小ささを思い知らされ、
逆に「どうせちっぽけなんだからなんでもやってみよう。
宇宙の大勢に影響はないさ」と勇気が湧いてくるのです。

tips 59

神様が「いたずら」をしてくるとき

成功を目指して精一杯頑張っているのに、
なぜか上手くいかないことが続く。
まるで大いなる存在が自分の行く手を阻んでいるよう……
私はそれを「神様のいたずら」と呼んでいます。
やることなすこと上手くいかないと
途中で挫けてしまいそうになりますが、考え方を変えてみましょう。

大きなことを成し遂げようとするときにいたずらが入るのは、
あなたの「本気度」をはかるために、
神様がわざと試練を与えているからなのです。

チャンスがいつも絶好のタイミングで訪れたら、

みんな成功してしまいます。

「無理かもしれない」

「ダメかもしれない」

というところで頑張れる人を神様は応援してくれます。


しかし試練のときもそう長くは続きません。

神様はしっかり見ています。

本気で取り組んでいるうちに、今度は一転、

「すべてが上手くいく」ゾーンに入ることでしょう。

tips
60

マイナスは未来のプラスかも

ネガティブな出来事に見舞われ、マイナスな状況に陥っても、
長い人生のスパンで見れば、
それが将来の成功の源になっていることがあります。
私自身の話をすれば、育った家が貧しかったので、
子ども時代はいつも周囲の人を羨んでいました。
しかし今思えば、そんな環境だったからこそ
ハングリー精神が身について、それが今の商売の成功につながりました。
ぬくぬくと何不自由ない子ども時代を送っていたら、
こんなにがむしゃらに頑張ろうとは思わなかったはずです。

今、マイナスだと感じているようなことでも、
未来ではプラスのきっかけになっていることがたくさんあるのです。

tips 61

氏神様へあいさつを

神社へは1年に1回、初詣にしか行かないという人は多いのではないでしょうか。

私は自宅の最寄りの神社に毎朝お参りしています。自分の住んでいる地域の平安を守り、**私たちを見守ってくれている氏神様に「いつもありがとうございます」とあいさつをするような感覚**です。

同様に、神社や小社、寺、お地蔵さんなどが通勤路にあれば、一礼して通るのがいいでしょう。頭を下げることで真摯な気持ちになり、雑念でいっぱいだった心がリセットされるからです。

tips
62

心地よい人と付き合いましょう

よく「恋人や夫にするにはどんな人がいいでしょうか？」
と聞かれることがありますが、そんなときは
「自分が居心地のよいと思う人と付き合うといいですよ」
と答えています。
人付き合いの中で成長するには、自分を高めてくれたり、
引き上げてくれたりする人が必要ですが、
ストレスがかかる関係性より、
自分自身が心地よくいられる人と付き合うほうが遥かにいいです。
無理の先に安心、安定はありません。
ただ、その心地よい関係性を維持するために
気遣いをすることもお忘れなく。よい人間関係は相互が歩み寄り、
思いやりを持つことによって保たれます。

tips
63

自分だけの色、数字を持ちましょう

ラッキー・ナンバーやラッキー・カラーを持つと運気が上がります。

「特にない」という人は、ぜひ自分の好きな色や好きな数字を選んで、その色のものを身につけたり、**その数字にちなんだ行動を取ってみてください。**

同じ色、同じ数字にこだわることが、何かを決断したり、行動を起こしたりする際のよいきっかけになります。

やがてその色や数字が幸運を連れてきて、大きなチャンスが舞い込むようになります。

tips 64

お金に好かれるのは、お金を丁寧に扱う人

よく、「成功者は必ず長財布を使っている」と言われますが、そうとも限りません。私の経験上、二つ折りの財布を使っている人も結構いますし、素材や色、形も様々です。しかし共通しているのは、**みなさん財布の中身がきれいに整頓されていること。**

レシートを乱雑に突っ込んでいたり、ポイントカードで財布がパンパンになったりしている人はいません。不要なものはすぐに処分し、財布の中はいつでもスッキリさせておきましょう。

お札も額面の大きなものから小さな順に入れ、向きも揃えたほうがいいです。また、溜まりがちな小銭は1日の終わりに財布から出し、翌日に持ち越さないほうが良いでしょう。

お金に好かれるのは、お金を丁寧に扱う人です。

tips
65

素敵な女性の特徴

周囲の人に「素敵だな」と思われている
幸せな女性には共通点があります。
それは「積み重ね」の大切さを知っていることです。
一つのことにコツコツと取り組んできた人は、
自分が成し得た成果以上に「それを続けてきた事実」によって
自信を得ています。
自信のある人はポジティブなエネルギーに満ちているため、
内面から輝くような美しさを放ちます。そしてその波動は
周囲の人を魅了し、いい影響を与えるのです。

マインド・ビューティーは一朝一夕にしてならず。

エネルギー値を高め、素敵な女性になるために、日々の積み重ねを
大切にして、自分のやるべきことにひたむきに取り組みましょう。

tips
66

自分磨きも積み重ね

ダイエットやボディメイキングを例に挙げると
わかりやすいと思いますが、「理想の自分」は、
日々の努力の積み重ねなしに実現できるものではありません。

外国語の習得にしても同じです。
話せるようになるためには、何度も繰り返し学習するという
地道な努力が必要です。

いずれもすぐには結果が出るものではないので、
「なりたい自分」になるまで、
ひたむきに努力しなくてはいけません。

努力ができるというのは一つの才能。
だからこそ積み重ねには価値があるのです。

人格形成も積み重ねです。

「魅力」は、その人がそれまでに培ってきたもの、
積み上げてきたものが結実したものと言えるからです。

仕事でも恋愛でも、魅力的な人にはいい出会いが訪れます。
出会いも美容も「そのとき」が来てからでは遅いのです。
いつ好機が来ても勝負できるよう、
今から自分磨きをしていきましょう。

tips 67

「愛」がある人は強い

仕事でもプライベートでも、
人を喜ばせたい、楽しませたいという気持ちは
最大のモチベーションになります。

「与える喜び」を知る人こそが真の成功者。

行動の根底に「愛」がある人は、何をしても最強の力を発揮します。

愛を持って与え続ける人生、というと
一見損のように思うかもしれませんが、
無私、利他の気持ちで行なったことは、必ず大きな果実をもたらします。

周りを幸せにする行為が、やがて自分にも還ってくるのです。

tips 68

一流になるためには一流を知る

一流の人間になりたければ一流の体験をしましょう。
たとえば高級なレストラン。
ちょっと気後れしてしまうかもしれませんが、
行けば様々な〝気づき〟を得られるはずです。
上質の食事、素晴らしい雰囲気、最高のサービスに触れると、
「こういうところに何度も来られるように頑張ろう」
とモチベーションも上がります。
そしてハイクラスの場所にはハイクラスの人が集います。
そういう場所は波動が高いので、いい影響を受けることができます。
もちろん相応の費用はかかりますが、
得られるものは多いので、「もったいない」と思わずに
自己投資の一環と考えるといいと思います。

tips
69

完璧主義は孤独になる

真面目な人ほど完璧を目指してしまいますが、
人間の魅力の本質は、不完全な部分や欠落している部分にあります。
誰しもに欠点があり、
それを互いに許容しあって生きているので、
完璧主義だと孤独になってしまいます。

なんでも一人で解決する必要はありません。
肩肘張らずに生きましょう。
そして周りに助けを求めましょう。

tips 70

人の心を動かすのに必要なものとは

人は人の印象を様々な要素から総合的に判断しますが、最も大きい割合を占めるのは目から入る情報です。その次が耳から入る情報ですが、特に声のトーンや話し方にはその人が信用に足る人かということが滲み出ます。

「立板に水」のように澱みなく言葉を並べるよりも、辿々しくても構いません。心から話しましょう。

人の心を動かすのはテクニックではなく気持ちです。

言葉が単なる「音」になってしまってはいけません。話術を磨くよりも、自分の気持ちを込めて話すほうが信用されます。信用は成功を掴むために最も重要なものですが、それは目の前のことを一つ一つ誠実に行なうことによってしか築くことができないものです。

tips 71

きれいな言葉遣いは最高のおしゃれ

人間の内面と外見は別物のように思われていますが、
実際は相互に強く影響しあっています。

外見を磨いていけば、不思議なことに内面も磨かれていきますし、
内面の美しさは外見にも自ずと現われてきます。

「美しくなりたい」と願う気持ちは
すべての女性に共通するものだと思いますが、
外見を整える以上に効果的な方法があります。

それは丁寧な言葉遣いを心がけること。

内容も、**文句や愚痴ではなく称賛や励ましを。**

言葉が人に及ぼす力は大きいのです。
穏やかで優しく、前向きな言葉は
あなたを品格のある人間にします。

きれいな言葉遣いは最高のおしゃれ。
どんな宝石よりも価値のある本当の宝を身につけることで、
真の美しさを得ることができるようになります。

tips
72

近しい人ほど褒めましょう

家族や恋人、親しい友人となると、
どうしても照れが先立ってしまって、
面と向かって褒めることに抵抗を感じるかもしれません。

しかし、近しい人ほど褒めることが大切です。

子どもも褒めたほうが断然伸びます。
たとえ我が子であってもいい部分を見つけたら素直に褒めましょう。

人を褒めるときは「その人の能力」よりも、
「その人が成果を上げるためにした行動」を褒めます。

たとえばテストなら「いい点を取ってえらいね」ではなく、

「いい点を取るために一生懸命勉強してえらかったね」

と言ったほうが「次も頑張って勉強しよう」という気になるからです。

たくさん褒められた人は自信を持って行動することができるので、
自分の持っている力を存分に発揮できます。
褒めることが、その人の潜在能力を伸ばし、
ポテンシャルを高めることにつながるのです。

tips 73

メンターを持ちましょう

生きていれば迷うことや悩むこと、
自分の決断に自信が持てないことが多くあります。
そんなときのために、
あなたの心を支えてくれる「メンター」を持ちましょう。

「メンター」とは適切なアドバイスをくれる
「心の拠り所」のような存在。信頼のおける相談相手です。

自分以外の人に客観的な意見を
聞いたり頼ったりできる環境を持つことで、
心理的な負担が減って気持ちがラクになります。

メンターによって思考が整理され、
やるべきことが明確になったり、
背中を押してもらえたりするので、
なんでも一人で抱え込みがちな人には特におすすめです。

大切なのは自分だけの考えに固執せず、柔軟性を持つこと。

最近は従業員の心の安定を図り、
それを業績アップにつなげるために
「メンター制度」を取り入れている会社も多くあります。

tips
74

「推し」もメンターになる

メンターは実際の友人、先輩、上司など、
できれば直接会って話せる双方向の関係性が理想的なのですが、
それが難しければ、
一方的に愛を注ぐ「推し」のような存在でも構いません。
推しの活躍に触発されて自分もやる気になったり、
推しの影響でそれまで知らなかったことに出会えたり
することもありますし、迷ったり悩んだりしたときにも、
「この人ならばどう考えるだろうか」「こんなときはどうするんだろう」
と思うことで適切な道に進めることがあります。

推しのパワーは偉大。推しをメンターにすると、
日常のあらゆる場面でモチベーションが上がります。

tips 75

好きなことを思いっきりしましょう

人生は短いです。
好きなことに時間を使いましょう。
打ち込めることに夢中になっているときがその人が最も輝くときです。

雑事にとらわれて好きなことができないのは
心に栄養を与えていないのと一緒です。

心の栄養失調はやがて体にも影響を与えます。
心身の健康を保ち、輝き続けるために、
好きなことをやる時間だけはなんとしても確保しましょう。

tips 76

一人でも楽しめる人になりましょう

素敵な女性は一人での楽しみ方を知っています。
一人での食事、一人での趣味の時間、一人旅
……一人でできることはどんどんしましょう。
「一人は寂しい」という固定観念に囚われてはいけません。
一人だからこそ楽しめることというのは多くあります。

誰にも気を遣わず、自分のペースで、興味のおもむくままに。
そうすれば人といるときには気がつかなかったことに気づいたり、
見たこと、感じたことを自分だけで
じっくりと味わったりできることでしょう。
好奇心旺盛で行動力がある女性が放つオーラは明るく、
とても魅力的。不思議なことに、一人で過ごせるようになると
人からも一層慕われるようになります。

tips 77

「普通」なんてない

世の中の人はそれほど他人に興味を持っていません。
ですから、自分の行動規範を
知らない他人を基準にして決めるのは愚かなことです。

人の目を気にしすぎると思い切った行動ができなくなります。
とりわけ日本人は「普通」という概念の下に多数派であることに
安心感を得る傾向がありますが、
人によって「普通」は異なりますし、
「普通」が幸せを担保するとは限りません。

あなた自身の判断力を信じて、
自分が「いい」と思った道をひたすら進みましょう。

tips 78

外に出て人と会いましょう

テクノロジーが発達した現代は、
家にいても様々な情報が手に入りますし、
買い物に行かなくてもネットショッピングで
たいていのものを買うことができます。

映画やコンサートも配信によって自宅のテレビで楽しめるようになり、
外出の必要性はますます少なくなっています。

しかしそんな時代だからこそ一層、
外に出て人と会うことが重要です。
メディアを介した一面的な情報ではなく、
自分の目で見て、耳で聞いて、場の雰囲気を察すること。

生身の人は自分の予想を超えた反応をしますから、
それが刺激になります。

刺激を受けると感覚が研ぎ澄まされ、〝勘〟も発達します。
〝勘〟は何かを判断したり決断したりする際に重要なものですが、
それは実際に人と会って話さないとなかなか養えないものなのです。

常に自分に刺激を与えるよう、活動的な毎日を送りましょう。

tips 79

自分が嫌いになってしまったら……

劣等感に苛まれ、ネガティブな考え方がやめられない人は、
あなたを取り巻く友人たちを見直してみてください。

他人に厳しく批判的なことばかり言っている人や、
人のやる気を削ぐ人に囲まれていないでしょうか。

もしそんな人といて、
いつもネガティブな気持ちになるようなら、
その付き合いはあなたの身になりません。

ポジティブな人と付き合えばポジティブになれます。

自分を高めたいと思ったら、

尊敬できる人、素敵だなと思う人と過ごすのが一番。

ポジティブなオーラに溢れている人は、
あなたのいい部分を認め、
あなたを応援してくれます。

それがやがて「自信」となって、
あらゆることに積極的に取り組めるようになっていきます。

tips 80

落ち込んだときは

「あのときああすればよかった」

「こうしたらもっと結果は違っていたのではないか」

など、後悔の気持ちを抱くことは誰にもあることです。

自分の悪かったところを反省することはもちろん大切ですが、
考えすぎると自己嫌悪と、再び失敗を犯すことへの恐怖で
身動きが取れなくなってしまいます。

そんなときは考えるよりも行動。

あえて予定を詰めて忙しくしてしまいましょう。

仕事でも余暇でも構いません。

**余計なことを考える暇もないほど〝無〟の状態になって
やるべきことに集中すれば、やがて道が見えてきます。**

特に仕事での失敗は仕事でしか取り返すことができません。
新しい仕事に全力で取り組むことで気分を立て直し、
成果を上げることで過去の失敗を吹っ切るのです。

tips 81

「矢印」を自分に向けましょう

上手くいかないことが起こったとき、
その原因を周りのせいにしていないでしょうか。

かく言う私も「商売が上手くいかないのは
従業員に恵まれていないからじゃないか」とか、
「出店した場所が田舎だからお客さんが来ないんじゃないか」
などと思っていました。

上手くいかないことはすべて、
自分を取り巻く環境にあると考えていたのです。

人は「できない理由」を懸命に探して納得しようとしますが、

そんなときはぜひ一度、

外側に向いていた矢印を自分の内側に向けてみましょう。

原因は十中八九、自分の中にあることに気づくはずです。

自信のなさ、思い切りのなさ、甘い見通しや準備不足などなど……

自分に矢印を向けて検証していくうちに、必ず解決法は見つかります。

そのことに気づいて以来、

私はトラブルを人のせいにすることをやめました。

するとおもしろいように物事が好転し始めたのです。

今、世の中を見渡してみると、かつての私のように

「矢印が外に向いている人」が多いなと感じます。

その矢印の向きを自分に向けた瞬間から、未来は動き始めます。

tips
82

素直な人は伸び代が大きい

成功する人はおおよそ二つのタイプに分けられます。
一つは圧倒的な才能を持っている天才肌の人。
そしてもう一つは、圧倒的な素直さを持っている人です。
とりわけ、新しいことに挑戦するときは
この素直さが真価を発揮します。

たとえばスポーツをする場合でも、
センスのある人は我流でなんとかしてしまうのですが、
素直な人は、上手な人に習うという選択肢を
自然に取ることができます。

我流でやる人はある程度までは上手くいくものの、

しばらくすると伸び悩んでしまいます。
一方、素直に習った人は、教えてもらったことを実践しながら実力を伸ばして成長し続けます。

今の世の中では「それぞれのやり方」や「自由」を尊重する傾向がありますが、確実に結果を出したいのであれば、その道のプロや一日の長がある人に教わったほうがいいことは言うまでもありません。

無理に我流を通すと、そのせいで成功が遅れることがあります。

「素直」は成功への最短ルートと心得ましょう。

tips 83

見えないものをどれだけ感じ取れるか

「本当に大切なものは目に見えないんだよ」

サン・テグジュペリの名作童話『星の王子さま』で、キツネが王子様に向かって言うセリフです。


「愛」「絆」「友情」といった人間関係はもちろん、

「粋」「上品」「洗練」といった概念も、

「心地よい」「懐かしい」「幸せ」だという感情も――

すべて目には見えません。

だからこそ、**目に見えないものをどれだけ感じ取ることができるかで、人の幸せは決まります。**

目に見えない大切なものを尊び、愛情を注ぐ気持ちがあなたを幸せにするのです。

tips 84

結果を出している人の真似をしましょう

成功するために効率的に行動したいと思ったら、
結果を出してる人を見つけて、
その人と仲良くなり、その人の真似をするのが一番です。
「学ぶ」は元々「真似ぶ」から来ており、
真似をして習うという意味です。いいところ、
参考になるところはどんどん真似をして身につけましょう。

真似をするうちに成功者ならではの
行動パターンや思考回路がわかってきます。

人の真似などしていいのだろうか、
オリジナルな方法でいったほうがいいかもと思うかもしれませんが、
成功者の行動や考え方にはたくさんのヒントがあります。
お手本になることならどんどん真似しましょう。

tips
85

ホームランバッターでも三振をする

失敗をせずに成功だけを求めるのは無理な話です。
歴史に名を残すホームランバッターは、
誰よりも打席に立ってバットを振った人。
その分、三振も多くなりますが、
「三振したからこそホームランが打てた」と考えることもできます。

失敗は成功の副産物。成功した人は誰もが通った道と考え、
怖がらずに挑みましょう。
世の中の人は成功したことだけに注目してしまいますが、
今、成功している人が
過去にどれだけ失敗してきたかを知ることも大切です。

tips 86

夢を語り合おう

夢は口に出したほうが叶う確率が高くなります。
なぜなら、人に話すことによって自分の目標が一層明確になり、目標達成のためにやるべきことを再確認できるからです。

実現させたいことは人に宣言してしまいましょう。

言った以上は頑張らないといけませんから、それが自分をやる気にさせるモチベーションにもなります。

tips 87

人生、いつでも始めどき

夢に向かって何かを始めるときに、遅すぎることはありません。
高齢化社会の世の中では70代、80代からでも
新たなことにチャレンジしている人がたくさんいます。

どんなに遅く始めても、人間は死ぬまで成長できる生き物。
少しずつでも、昨日よりも進歩していればＯＫとしましょう。

昨日より夢に向かって一日を積み重ねていけば、
やがて以前の自分よりも成長して、
できることが多くなっているはずです。
躊躇することはありません。今すぐ始めましょう。

tips 88

続けられることは能力

「自分には何も取り柄がない」
と思っている人は多いのではないでしょうか。

しかし、よく考えてみてください。
ひとつでも何かを長く続けたことはありませんか？
学生時代の部活でも趣味でも構いません。
一つのことを長く続けられることは実は最も重要な「能力」なのです。

継続する力は成功の源。どんなにいいアイディアを思いついても、
それを継続しなければ形になりません。
つまり、何か一つでも続けていることがある人は
成功の素質があるのです。

tips 89

一つのものを大切に

成功すると、お金が入ってきて経済的に豊かになりますから、
お金持ちは自分の好きなものを好きなだけ買っている
と思っているのではないでしょうか。

しかし実際は違います。
むしろ、成功している人は、一つのものを大切に扱う人が多いです。
ものにまつわるストーリーを大切にできる人、
ということなのだと思います。

値段は関係ありません。**愛着のあるものを大切にしましょう。**
そうすればやがて、自分を取り巻くあらゆるものを
大切にできるようになることでしょう。

tips
90

本当に好きなものを持ちましょう

自分に自信がない人は、自分の気持ちよりも
「人にどう見られるか」
を気にしている人が多いものです。
高級ブランドにしても、
これみよがしにロゴが入っていたりするものなどは、
デザインよりも知名度の高さを好んでいるのではないでしょうか。
「高いものを持っている自分がカッコいい」とか
「みんなに羨ましがられるものを持ちたい」という
価値観は貧しいものです。

あなたの審美眼で選んだ、本当に好きなものを持ちましょう。

真の成功者にブランドまみれの人は少ないです。
自分自身がブランドですから、持ち物にこだわる必要はないのです。

tips
91

他人をジャッジしない

人を自分の尺度でジャッジするのはやめましょう。
あなたが「いい人」と思っている人は、
あくまであなたに「都合のいい人」なだけです。

そもそも「ジャッジする」ということは、
その人を自分より下に見ているということで、非常に傲慢な態度です。

また、「ジャッジする」ことは先入観を持つことでもあります。

先入観はあらゆる人間関係において無益なものです。

人は常に変化しているものですが、一度ジャッジしてしまうと、
その人への評価はずっとそのままで固定化されます。

よくない行動をしたからよくない人、というのは間違いです。
どんなによい人でもよくないことをしてしまうときはあります。
ジャッジするのは「人」ではなく、
その人の都度の「行動」であると心がけましょう。

tips
92

先に与える人は必ず与えられる

「～してほしい」「あの人は～してくれない」など、人に与えられることばかり考えていませんか？

与えられたければ先に与え、愛されたければ先に愛しましょう。

世の中の多くの人は「欲しがる」人たちですから、「与える」人は相手に強い印象を残します。

ただし、与えたものをすぐに「回収」しようとすると上手くいきません。そのような浅ましい気持ちを持つと、その気配は確実に相手に伝わります。


邪心なく相手の身になって考え、心から献身することが必要です。

そうすればいつか必ず、
与えた分以上のものを受け取る日が来るのです。

tips 93

墓参りでご先祖さまに報告を

今の自分があるのはご先祖さまの存在があってこそ。
先人への感謝の気持ちを示すために、お墓参りをしましょう。

お彼岸やお盆などにとらわれず、
思い立ったときに気軽に訪ねるのがいいです。
実家に「ちょっと顔を見せにいく」という感じです。
ご先祖さまには近況報告はもちろん、
自分が行きたい道や叶えたい夢など決意をお伝えするのがいいでしょう。
ご先祖さまに何かしてくれもらうためではなく、
「ご先祖さまに恥ずかしくない自分でいたい」と思うことが
明日からのあなたの行動を変えるからです。
ご先祖さまもそんなあなたを見守ってくれるはずです。

tips
94

謝れる人間の強さ

自分が悪いと思ったときに、謝ることができる人は強いです。
なぜなら、自分の非を認めて謝るというのは、
実は難しいことだからです。

心からの謝罪は、自分を客観視しないとできないこと。
私見や感情にとらわれず自分の行動の是非を振り返り、
総括ができる人は状況を冷静に判断できる人です。

そして何より、**「謝れる素直さ」を持っていることが最大の強さ。**
自分自身のことにもフェアな態度を取る人は、
人に信頼されることでしょう。

tips
95

誰でもできることを誰よりも丁寧にやる

「誰でもできること」を誰よりもやりましょう。

簡単だと思っていたことでも、
実際に一生懸命やってみれば、
その仕事の奥深さに気がつくと思います。
当たり前のことを最高レベルでやりましょう。

地道な仕事をすることで得た学びは、
あなたの人間力の礎となるものです。

tips
96

ファッション、メイクにも相手へのリスペクトを

普段着ている服やメイク。

誰しもに自分の好きなスタイルがあると思います。

しかし「できる女性」は、会う人、出かける場所によって相応しいファッション、メイクをすることができます。

「自分流」が個性を創出すると考える人が多いかもしれませんが、TPOをわきまえた装いができる人のほうが「成熟した大人の女性」という好印象を周囲に与えます。

また、**自分を主体にするよりも相手を主体に考える**ことで、

会う人へのリスペクトの気持ちを示すことができます。

「あなたに会うので今日はこれを着てきました」と言われて

イヤな気分になる人はいないでしょう。

その気遣いが、あなたをその人にとって

「特別な人」にするのです。

tips 97

目標を持つことの大切さ

「自分がどうなりたいか」という目標がないと、人に対して批判的になります。

自分の中に何もないので他者のことばかりが気になってしまう、つまり、「矢印」が外側に向いた状態です。

一方、「なりたい自分」のビジョンを持ち、目標を達成するため日々頑張っている人間には、他人のことなど構っている暇はありませんし、夢のためにひたむきに行動できる人は、**他人の夢も尊重します。**

できる人は常に矢印を内側に向けているのです。

tips 98

アドバイスに注意しましょう

夢を持っている人に「アドバイス」という名目で
否定的なことばかり並べ立ててくる人がいます。
聞く耳は持っておきたいところですが、そのような
否定的なアドバイスの中に、本当に役に立つことはありません。
本当の「アドバイス」というのは
「～するな」「やめたほうがいい」というように
人の行動にブレーキをかけるものではなく、
「～してみたら？」「成功するにはこうしたらいいのでは？」
というように、**あなたを応援をする性質のものです。**
無用なアドバイスに心を揺らす必要はありません。
結果を出したら、誰も何も言わなくなりますから、
結果を出すまでの辛抱と自分に言い聞かせましょう。

tips 99

「感謝力」が幸せを招く

幸せになる女性は自分を取り巻くあらゆることに感謝できる「感謝力」を持っています。

たとえばお気に入りの美味しいスイーツがあったとします。
あなたがその味を楽しむまでには、
原材料を育てて作る人、
それを輸送する人、調理する人、
そして提供してくれる人
……多くの人やシステムが滞りなく動いています。

ものの背後にある誰かの努力に思いを馳せることができたら、
感謝の気持ちは自然に湧き起こってくるでしょう。

感謝力とは想像力でもあるのです。

私たちが思う「普通」の生活は、実は「奇跡」の積み重ね。

成功した人物は、皆おしなべて「感謝の心が大切」と言いますが、それは彼らが、人々が「日常」とか「普通」と思って享受していることがいかに「有難い」ことであるかを知っている賢人だからです。

「ありがとう」とは「有難い」ことに対するお礼の言葉です。「感謝力」を育み、幸せオーラを招き入れましょう。

おわりに

最後まで本書をご覧いただきありがとうございます。何かひとつでも心に響くメッセージはあったでしょうか？

今年の元旦、能登半島を震源とする大地震がありました。悲しいことに多くの命が失われました。心からご冥福をお祈りいたします。

また、多くの方が住まいを失ってしまいました。平和だった土地を襲った突然の天災——あらためて人の命は無限ではないし、いつ何が起こるかわからないことを痛感しました。

一方で、命があることに意味がある、そして使命があると思います。

今できることを今やるしかない。
今日できることを今日やるしかない。
そしてまぶしいほど幸せな毎日を送ってほしい。
本書にはそんな想いを込めました。

生きてさえいれば、輝く舞台はかならずあります。

かつて、私が贈ったヒントを参考にしたところ、どん底の人生から立ち直り、「こんなに幸せになってもいいんですか」と悩んでいる女性がいました。もちろんいいんです、誰にでも平等にチャンスはあるのです。

これまで自己啓発の類の本は、男性向けのビジネス本ばかりでした。

女性にはとても魅力的で優秀な方が多いのに、なぜ企業家が女性にエールを送る本が少なかったのか、私はずっと疑問に感じていました。それもまた筆を執らせていただいたきっかけでしたが、実際、この本もたくさんの魅力的な女性の方々に取材に協力いただき素敵な一冊に仕上がりました。女性には大きなポテンシャルともっとハッピーになる権利があることの証になったと思います。あらためて本書の制作にかかわってくださった皆様に心から感謝申し上げます。


いつでもだれでも変わることはできます。

そのきっかけはあなたそのものです。

本書はあくまでもそのヒントに過ぎません。

どうか、オーラをピカピカにしてください。驚くぐらい、幸せが幸せを呼びます。あなたにはもっと幸せになる権利があるのです。

2024年2月吉日　井口泰宏

Passport for your happy days

著者紹介

井口泰宏

Yasuhiro Inokuchi

企業経営者／人材育成コンサルタント

大分県生まれ。裕福ではない家庭で育つ中で、幸せを掴むべく20歳の大学在学時に初めて起業。数多くの失敗でどん底も経験するが、そのすべてを「貴重な経験」と捉えることで乗り越え、飲食チェーンや健康・美容分野など多方面におけるビジネスで確固たる実績を残す。会社の代表として全国を飛び回り、人脈を築いていく中で人材育成にも積極的に取り組み、これまでに女性を含む300名以上の経営者を世に送り出してきた。座右の銘は「継続は力なり」。

幸せオーラの磨き方
人生が変わる99のヒント

井口泰宏 著
2024年 3月15日　初版発行

協　力　美馬亜貴子
装　丁　村田江美
校　正　若林優子

発行者　横内正昭
編集人　岩尾雅彦
発行所　株式会社ワニブックス
〒150-8482　東京都渋谷区恵比寿4-4-9 えびす大黒ビル
ワニブックスHP　http://www.wani.co.jp/
（お問い合わせはメールで受け付けております。
HPより「お問い合わせ」へお進みください。）
※内容によりましてはお答えできない場合がございます。

印刷所　株式会社 美松堂
製本所　ナショナル製本

ISBN 978-4-8470-7413-4